C y f l w y n e d i g   i

Derek fy nhad

yng nghyfraith !
×

g a n

[signature]

× × ×

Cyhoeddwyd yn wreiddiol dan y teitl
The Lion Classic Prayer Collection
gan Lion Hudson plc.
Wilkinson House, Jordan Hill Road,
Oxford OX2 8DR
www.lionhudson.com

Hoff Weddïau © 2014 Cyhoeddiadau'r Gair
Golygydd y casgliad Cymraeg: Delyth Wyn
Golygydd Iaith: Mair Parry
Golygydd Cyffredinol: Aled Davies
Cysodi: Rhys Llwyd

Cydargraffiad byd-eang wedi'i drefnu gan
Lion Hudson plc, Rhydychen
Argraffwyd yn China

Daw'r dyfyniadau Beiblaidd allan o *Y Beibl Cymraeg Newydd Diwygiedig 2004*,
gyda diolch i Gymdeithas y Beibl am bob cydweithrediad.

ISBN 978 1 859947 73 9

Cyhoeddwyd gan:
Cyhoeddiadau'r Gair
Ael y Bryn, Chwilog, Pwllheli, Gwynedd LL53 6SH.

www.ysgolsul.com

H o f f Weddïau

CASGLIAD CYNHWYSFAWR O WEDDÏAU I BLANT

Casgliad gwreiddiol gan LOIS ROCK
Casgliad Cymraeg gan DELYTH WYN
Darluniau gan SOPHY WILLIAMS

Cynnwys

GWEDDI

I dawel lwybrau gweddi,
O Arglwydd, arwain fi.

ELFED, 1860–1953

Arglwydd, dysg fi i weddïo,
i fod eisiau gweddïo,
i ymhyfrydu mewn gweddïo.
Pan weddïaf, dysg fi i weddïo â ffydd,
â gobaith, â chariad.

ERIC MILNER-WHITE, 1884–1963
Cyf. EDWIN C LEWIS

Duw gyda ni

Arglwydd, yr wyt wedi fy chwilio a'm hadnabod.
Gwyddost ti pa bryd y byddaf yn eistedd ac yn codi;
yr wyt wedi deall fy meddwl o bell;
yr wyt wedi mesur fy ngherdded a'm gorffwys,
ac yr wyt yn gyfarwydd â'm holl ffyrdd.
Oherwydd nid oes air ar fy nhafod
heb i ti, Arglwydd, ei wybod i gyd.
Yr wyt wedi cau amdanaf yn ôl ac ymlaen,
ac wedi gosod dy law drosof.
Y mae'r wybodaeth hon yn rhy ryfedd i mi;
y mae'n rhy uchel i mi ei chyrraedd.

SALM 139:1–6

Crist gyda mi

Crist gyda mi,
Crist ynof fi,
Crist tu cefn i mi,
Crist tu blaen i mi,
Crist wrth f'ymyl,
Crist i'm hennill,
Crist yn gysur,
Crist i'm hadfer,
Crist odanaf,
Crist drosof,
Crist mewn tangnefedd,
Crist mewn adfyd,
Crist yng nghalon pawb a garaf,
Crist ar wefus ffrind a dieithryn.

PADRIG SANT, 389–461

Meddwl am y nefoedd

Wrth edrych fry i'r nen
uwchben y coed mawr gwyrdd,
mi glywaf lais fy Nuw
mewn mil a mwy o ffyrdd:
yn rhannu gwyrthiau lu
am bawb o'i bobl ef;
cânt, trwy ei Fab ei hun,
fyw am byth yn y nef.

SOPHIE PIPER (Addasiad DELYTH WYN)

Byd newydd

Mae'r Beibl yn sôn am deyrnas hardd
tu hwnt i ddychymyg unrhyw fardd;

teyrnas heb ymladd na geiriau cas,
a phawb yn ffrindiau dan awyr las;

teyrnas lle caiff yr holl bobl 'run faint
o ddŵr a bwyd a dillad a braint;

ac mae geiriau Iesu Grist yn glir:
fe ddaw'r deyrnas honno cyn bo hir,

'mond i ni fentro, nid pawb drosto'i hun,
ond pawb dros ein gilydd yn gwmni cytûn,

ac yna anghofio'r holl siarad a'r dweud,
a thorchi ein llewys i weithio a gwneud.

MERERID HOPWOOD A TUDUR DYLAN JONES

11

GWEDDÏO
GYDA'R BEIBL

Dywedodd Iesu:
Gofynnwch, ac fe roddir i chwi;
ceisiwch, ac fe gewch;
curwch, ac fe agorir i chwi.
Oherwydd y mae pawb sy'n gofyn yn derbyn,
a'r sawl sy'n ceisio yn cael,
ac i'r un sy'n curo agorir y drws.
Rhydd eich Tad sydd yn y nefoedd bethau da
i'r rhai sy'n gofyn ganddo.

MATHEW 7:7–8, 11

Moli Duw

Molianned uchelderau'r nef
yr Arglwydd am ei waith,
a cherdded sŵn ei foliant ef
trwy'r holl ddyfnderau maith.

Canmoled disglair sêr di-ri'
ddoethineb meddwl Duw;
ac yn ein dagrau dwedwn ni
mai doeth a chyfiawn yw.

Am ei sancteiddrwydd moler ef
gan gôr seraffiaid fyrdd;
atebwn ninnau ag un llef
mai sanctaidd yw ei ffyrdd.

Cyduned yr angylion glân
ei ddeddfau i fawrhau;
gweddïwn ninnau gyda'r gân
am ras i ufuddhau.

Trwy'r nefoedd wen o oes i oes
canmoler cariad Duw;
fe ganwn ninnau wrth y groes
mai Duw y cariad yw.

Molianned uchelderau'r nef
yr Arglwydd am ei waith,
a cherdded sŵn ei foliant ef
trwy'r holl ddyfnderau maith.

ELFED, 1860–1953

I'n Duw ni

I'n Duw ni
y bo'r mawl
a'r gogoniant
a'r doethineb
a'r diolch
a'r anrhydedd
a'r gallu
a'r nerth
byth bythoedd!

DATGUDDIAD 7:12

Datgan mawl i Dduw

Nef sy'n datgan mawl i Dduw
heb iaith, heb lais, heb eiriau.
A'r haul, a'r lloer a'r sêr sy'n dweud
eu stori dawel hwythau.
Boed fy ngeiriau i 'run modd
a'm meddyliau wrth dy fodd.

ANDREW PRATT
Yn seiliedig ar SALM 19
Cyf. CASI M JONES

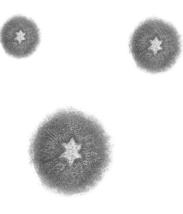

Bod yn ufudd i Dduw

O Arglwydd,
clywais dy ddeddfau.
Boed i mi d'addoli di.
Boed i mi d'addoli di yn unig.
Boed i bopeth a wnaf ddangos parch at dy enw sanctaidd.
Boed i mi gadw'r dydd o orffwys.
Boed i mi ddangos parch at fy rhieni.
Boed i mi wrthod trais fel na fyddaf yn difetha bywyd.
Boed i mi ddysgu bod yn deyrngar mewn cyfeillgarwch
ac felly ddysgu bod yn ffyddlon mewn priodas.
Boed i mi beidio â dwyn gan eraill.
Boed i mi beidio â dweud celwydd i ddinistrio enw da rhywun arall.
Boed i mi beidio â bod yn eiddigeddus o rywun arall,
ond boed i mi ddysgu bod yn fodlon â'r pethau da
yr wyt yn eu rhoi i mi.

Yn seiliedig ar Y Deg Gorchymyn, EXODUS 20

Cadw fi rhag gwneud drwg

O Arglwydd,
cadw fi rhag gwneud drwg;
oherwydd mae'r drygionus fel us yn cael ei yrru gan wynt.
O Arglwydd, helpa fi i fod yn ufudd i'th ewyllys;
oherwydd mae'r cyfiawn fel pren
wedi ei blannu wrth ddŵr
ac yn rhoi ffrwyth yn ei dymor,
a'i ddail byth yn gwywo.

Yn seiliedig ar SALM 1

Dysg fi

O Arglwydd, dysg fi i fyw
fel mae dy gyfraith di'n ei ddweud,
a'i dilyn i'r diwedd.
Rho imi ddeall,
er mwyn imi fod yn ufudd i'th gyfraith
a'i chadw â'm holl galon.

Yn seiliedig ar SALM 119: 33, 34

Rhodio'n ostyngedig gyda thi

Dysg fi, O Dduw,
i wneud beth sy'n iawn,
i garu teyrngarwch,
ac ymostwng i rodio'n ostyngedig gyda thi.

Yn seiliedig ar MICHA 6:8

Ceisio maddeuant

Dychwelwch at yr Arglwydd eich Duw.
Graslon a thrugarog yw ef,
araf i ddigio, a mawr ei ffyddlondeb,
ac yn edifar ganddo wneud niwed.

JOEL 2:13

Cyffesu

Dywedais bopeth wrth Dduw:
dywedais wrth Dduw am bob peth drwg a wnes i.
Rhoddais y gorau i geisio'u cuddio.
Gwyddwn mai'r unig beth i'w wneud oedd cyffesu.

A maddeuodd Duw i mi.

Yn seiliedig ar SALM 32:5

Crea galon lân ynof

Bydd drugarog wrthyf, O Dduw,
yn ôl dy ffyddlondeb;
yn ôl dy fawr dosturi
dilea fy nhroseddau.

Crea galon lân ynof, O Dduw,
rho ysbryd newydd cadarn ynof.

SALM 51:1, 10

Tosturia wrthyf eto

Pwy sydd Dduw fel ti,
yn maddau drygioni?
Tosturia wrthyf eto.
Cymer fy nrygioni,
a'i daflu i eigion y môr,
yn ôl dy ffyddlondeb.

Yn seiliedig ar MICHA 7:18–20

Maddeuant

Maddau inni ein troseddau,
fel yr ŷm ni wedi maddau
i'r rhai a droseddodd yn ein herbyn.

MATHEW 6:12

Bydd drugarog wrthyf fi

O Dduw, bydd drugarog wrthyf fi, bechadur.

O ddameg Iesu am y Pharisead a'r casglwr trethi, LUC 18:13

Ymddiried yn Nuw

Yr Arglwydd yw fy mugail, ni bydd eisiau arnaf.
Gwna imi orwedd mewn porfeydd breision,
a thywys fi gerllaw dyfroedd tawel,
ac y mae ef yn fy adfywio.
Fe'm harwain ar hyd llwybrau cyfiawnder
er mwyn ei enw.
Er imi gerdded trwy ddyffryn tywyll du,
nid ofnaf unrhyw niwed,
oherwydd yr wyt ti gyda mi,
a'th wialen a'th ffon
yn fy nghysuro.
Yr wyt yn arlwyo bwrdd o'm blaen
yng ngŵydd fy ngelynion;
yr wyt yn eneinio fy mhen ag olew;
y mae fy nghwpan yn llawn.
Yn sicr, bydd daioni a thrugaredd yn fy nilyn
bob dydd o'm bywyd,
a byddaf yn byw yn nhŷ'r Arglwydd
weddill fy nyddiau.

SALM 23

Cadernid fy mywyd

Yr Arglwydd yw fy ngoleuni a'm gwaredigaeth,
rhag pwy yr ofnaf?
Yr Arglwydd yw cadernid fy mywyd,
rhag pwy y dychrynaf?

SALM 27:1

Fel y dysgodd Iesu

"A phan fyddwch yn gweddïo," dywedodd Iesu, "peidiwch â phentyrru geiriau ... oherwydd y mae eich Tad yn gwybod cyn i chwi ofyn iddo beth yw eich anghenion. Felly, gweddïwch chwi fel hyn:

'Ein Tad yn y nefoedd,
sancteiddier dy enw;
deled dy deyrnas;
gwneler dy ewyllys,
ar y ddaear fel yn y nef.
Dyro inni heddiw ein bara beunyddiol;
a maddau inni ein troseddau,
fel yr ŷm ni wedi maddau i'r rhai a droseddodd yn ein herbyn;
a phaid â'n dwyn i brawf,
ond gwared ni rhag yr Un drwg.' "

GWEDDI'R ARGLWYDD

Canys eiddot ti yw'r deyrnas,
a'r nerth a'r gogoniant
yn oes oesoedd.
Amen.

DIWEDDGLO TRADDODIADOL Y WEDDI

Y porth cyfyng

Dewisaf fynd i mewn trwy'r porth cyfyng,
cerddaf ar hyd y ffordd gul,
trwy'r byd llydan a throellog,
ar hyd y llwybr sy'n arwain i fywyd.

Yn seiliedig ar MATHEW 7:13–14

Caru â'm holl galon

Arglwydd Dduw,
helpa fi i dy garu â'm holl galon, â'm holl enaid,
â'm holl feddwl.
Helpa fi i garu eraill fel fi fy hun.

Yn seiliedig ar MATHEW 22:37–40

Caru ein gilydd

Arglwydd Iesu,
gorchmynnaist i ni garu ein gilydd
fel yr wyt ti'n ein caru ni.
Gwna i mi fod yn barod i helpu eraill.
Boed i mi ddilyn dy esiampl di o wasanaethu eraill.

Yn seiliedig ar orchymyn newydd Iesu, IOAN 13

Dilyn y ffordd

O Grist, tydi yw'r ffordd at Dduw ein Tad,
am dy ddatguddiad, diolchwn.

O Grist, y gwir am ystyr bod a byw,
i ti'r unigryw, plygwn.

O Grist, y bywyd llawn i bawb a gred,
rho in ymddiried ynot.

O Grist, y drws i fyd dy hedd a'th ras,
deled dy deyrnas ynom.

TUDOR DAVIES, 1923–2010
Yn seiliedig ar IOAN 14:5

Agor fy meddwl

Agor fy meddwl, O Arglwydd,
i weld dy oleuni.

Agor fy meddwl, O Arglwydd,
i wybod y gobaith sydd gennyt ar fy nghyfer.

Agor fy meddwl, O Arglwydd,
i weld cyfoeth bywyd gyda thi.

Agor fy meddwl, O Arglwydd,
i brofi dy rym ar waith ynof fi.

Yn seiliedig ar Lythyr Paul at y Cristnogion yn Effesus,
EFFESIAID 1:18

Ysbryd Duw

Ysbryd Duw, dyro gariad yn fy mywyd.
Ysbryd Duw, dyro lawenydd yn fy mywyd.
Ysbryd Duw, dyro dangnefedd yn fy mywyd.
Ysbryd Duw, gwna fi'n oddefgar.
Ysbryd Duw, gwna fi'n garedig.
Ysbryd Duw, gwna fi'n dda.
Ysbryd Duw, dyro i mi ffyddlondeb.
Ysbryd Duw, dyro i mi addfwynder.
Ysbryd Duw, dyro i mi hunanddisgyblaeth.

Yn seiliedig ar Lythyr Paul at y Cristnogion yng Ngalatia,
GALATIAID 5:22–23

Y ffordd, y gwirionedd a'r bywyd

O Arglwydd Iesu Grist,
dywedaist taw ti yw'r ffordd,
y gwirionedd a'r bywyd.
Paid â gadael i ni grwydro oddi wrthyt ti, y ffordd,
na'th amau di, y gwirionedd,
na gorffwys mewn unrhyw beth ond ynot ti,
y bywyd.

DESIDERIUS ERASMUS, 1466–1536
Yn seiliedig ar eiriau Iesu, IOAN 14:6
Cyf. EDWIN C LEWIS

Ceisio teyrnas Dduw

Annwyl Dduw,
plentyn wyf fi.
Derbyn fi
i mewn i'th deyrnas.

Yn seiliedig ar MATHEW 18:1–5

Ceisio dy deyrnas yn gyntaf

Arglwydd, rwyt yn gofyn i ni geisio dy deyrnas yn gyntaf,
boed i ni felly beidio â byw'n hunanol.

Arglwydd, rwyt yn gofyn i ni roi dy gyfiawnder di
uwchlaw pob dim,
boed i ni felly drin eraill yn deg.

Yn seiliedig ar eiriau Iesu, MATHEW 6:33

Dim ond hedyn bach

Dim ond hedyn bach,
mewn i'r pridd yr â;
'chydig bach o law,
dechrau tyfu wna.

Ac o'r hedyn hwn
coeden fawr a dyf;
lloches a gawn ni
gan ei changau cryf.

Ar y goeden hon
adar bach sy'n byw;
boed i ninnau hau
hadau cariad Duw.

RICHARD ATKINS AC ANDREW PRATT, Cyf. DELYTH WYN
Yn seiliedig ar ddameg Iesu am yr Hedyn Mwstard, MATHEW 13

DILYN IESU

O Waredwr mwyaf trugarog,
boed i mi dy adnabod yn gliriach,
dy garu'n anwylach,
a'th ddilyn yn agosach,
ddydd ar ôl dydd.

RICHARD O CHICHESTER, 1197–1253
Cyf. DELYTH WYN

Helpu

Arglwydd,
mae yna gynifer o bobl mewn angen yn y byd,
byddaf yn teimlo mor fach,
ac yn meddwl na allaf wneud dim i'w helpu.
Gofynnaf i ti ddangos i mi beth allaf ei wneud yn dy nerth di.

Efelychu Iesu

Arglwydd Grist,
rwyt ti'n aros,
yn anweledig,
wrth ein hochr,
yn bresennol fel dyn tlawd
sy'n golchi traed ei ffrindiau.
A ninnau, sydd i ddilyn ôl dy draed di,
rydym yma, yn aros i ti
awgrymu ffyrdd o rannu
a fydd yn ein gwneud ni'n weision
dy Efengyl di.

Y BRAWD ROGER, 1915–2005

Y pethau bychain

O Dad, helpa fi i gofio
bod gwneud y pethau bychain dros eraill
yn werthfawr yn dy olwg di.

Bendithio'r holl fyd

Nid oes gan Grist gorff ar y ddaear ond eich corff chi,
dim dwylo ond eich dwylo chi, dim traed ond eich traed chwi ...
â'ch traed chwi y gall droedio'r byd i wneud daioni,
a gyda'ch dwylo chwi y gall fendithio'r holl fyd.

SANT TERESA O AVILA, 1515–82

Maddeuant Duw

Ti, O Dduw, yw fy ffrind gorau.
Nid wyt ti byth yn fy siomi.
Rwyt ti bob amser yn barod i faddau i mi.
Rwyt ti gyda mi bob amser.
Helpa fi i fod yn debycach i ti.

Maddau

Boed i Dduw, fy Nhad nefol,
sydd wedi maddau i mi droeon,
fy ngwneud i'n faddeugar hefyd.
Dad, maddau i mi am y troeon
y bûm yn amharod i ofyn am faddeuant
neu i geisio heddwch.

Caru fy ngelynion

Dduw annwyl,
Helpa fi i garu fy ngelynion.
Dangos i mi sut i wneud daioni i'r rhai
sy'n fy mrifo.
Atgoffa fi i weddïo dros y rhai sy'n angharedig.

Yn seiliedig ar LUC 6:27–28

Gwna fi yn addfwyn

Gwna fi yn addfwyn fel tydi
wrth bawb o'r isel rai;
gwna fi yn hoff o wrando cwyn,
a hoff o faddau bai.

EIFION WYN, 1867–1926

33

Addoli

Bydd yn dawel yn dy Dduw,
ymlonydda ynddo ef,
ac yn sŵn a therfysg byd
fe gei ynddo noddfa gref;
Duw yw fy nghraig a'm nerth
a'm cymorth rhag pob braw,
ynddo y mae lloches im
pa beth bynnag ddaw.

PETER M THOMAS

Addolaf di, O Dduw

Addolaf di, O Dduw, am dy fawredd;
rwyt yn llawer mwy nag y gallaf fyth ei ddychmygu.
Addolaf di, O Dduw, am dy weithredoedd;
rhyfeddaf at dy waith yn dy greadigaeth.
Addolaf di, O Dduw, am dy drugaredd;
er dy fawredd, mae gennyt le i mi.
Haleliwia, clod i ti.

Dod o hyd i'r geiriau

Annwyl Dduw,
rwyt ti'n gwybod beth rwyf am ei weddïo
hyd yn oed pan na fedraf ddod o hyd i'r geiriau.

Molwch yr Arglwydd

Molwch yr Arglwydd.
Molwch ef am ei holl waith,
molwch ef am ei holl fawredd;
molwch ef ag offerynnau.
Molwch ef â dawns.
Boed i bopeth byw
foliannu'r Arglwydd.
Molwch yr Arglwydd.

Yn seiliedig ar SALM 150

Rap a regae, roc a rôl

Am rap a regae, roc a rôl
a phleser yn ein byw;
am alaw fwyn a sŵn y bît,
rhown glod i'n Harglwydd Dduw!

Gwasanaethu

Arglwydd Iesu,
dewisais dy ddilyn di
ar lwybr cyfiawnder
heb droi'n ôl.

Boed i mi dy wasanaethu
trwy fwydo'r newynog.

Boed i mi dy wasanaethu
trwy ddilladu'r noeth.

Boed i mi dy wasanaethu
trwy ofalu am y dieithryn.

Boed i mi dy adnabod
ym mhawb a wasanaethaf.

Gweddi wedi ei hysbrydoli gan eiriau Iesu, MATHEW 25:31–46

Rhannu

Gwna ni yn fwy awyddus, O Arglwydd,
i rannu'r pethau da sydd gennym.
Dyro i ni gyfran o'th Ysbryd
nes ein bod yn cael mwy o lawenydd wrth roi
nag wrth dderbyn.
Gwna ni'n barod i roi yn llawen heb gwyno,
yn gyfrinachol heb ddisgwyl canmoliaeth,
ac yn ddidwyll heb geisio diolchgarwch,
er mwyn Iesu Grist.

JOHN HUNTER, 1849–1917
Cyf. DELYTH WYN

Diolch

Diolchwn oll i Dduw
â llaw a llais a chalon,
cans rhyfeddodau mawr
a wnaeth i ni blant dynion.

M RINKART, 1586–1649
Cyf. J HENRY JONES, 1909–85

Diolch am fywyd llawn a hapus

O Dduw, rwyf am ddiolch i ti
am fywyd mor llawn a hapus,
gyda digon o bethau diddorol i'w gwneud.
Maddau i mi am anghofio mor aml
mai ti a'm creodd ac mai ti sy'n rhoi popeth da i mi.
Helpa fi i beidio â bod yn rhy brysur i ddiolch i ti.

Anghofio dweud 'Diolch!'

Bu bron im anghofio dweud 'Diolch!'
am bopeth sy'n creu teimlad braf,
am flodau sy'n harddu y meysydd,
a phatrwm pob iâr fach yr haf;
am seren glir, am olau'r lloer,
am heulwen braf ac eira oer.
Bu bron im anghofio dweud 'Diolch!'
am lenwi pob enfys â lliw;
fe hoffwn o ddifri ddweud 'Diolch!'
yn awr a phob dydd tra bwyf byw.

JOHN GOWANS, 1934–2012
Cyf. DELYTH WYN

Cenhadu

Efengyl tangnefedd, O rhed dros y byd,
a deled y bobloedd i'th lewyrch i gyd;
na foed neb heb wybod am gariad y groes,
a brodyr i'w gilydd fo dynion pob oes.

EIFION WYN, 1867–1926

Helpu pobl eraill i'th adnabod

O Dduw,
diolch i ti fy mod yn gallu dy adnabod trwy dy Fab Iesu Grist.
Helpa fi i siarad amdanat ble bynnag yr af.
Helpa fi i helpu pobl eraill i'th adnabod.

Adnabod cariad Duw

Dod i mi galon well bob dydd
a'th ras yn fodd i fyw
fel bo i eraill drwof fi
adnabod cariad Duw.

EIFION WYN, 1867–1926

Goleued ddaear lydan

Diolch i ti yr hollalluog Dduw
am yr Efengyl sanctaidd.

Pan oeddem ni mewn carchar tywyll, du
rhoist in oleuni nefol.

O aed, O aed yr hyfryd wawr ar led,
goleued ddaear lydan.

Haleliwia! Amen.

Y SALMYDD CYMREIG, 1840
Priodolir i DAVID CHARLES, 1762–1834

Dyro dy gariad

Dysg inni ddeall o'r newydd
holl ystyr cariad at frawd;
dyro dy gariad i'n clymu,
dy gariad di.

DAVE BILBROUGH,
Cyf. CATRIN ALUN

Caru eraill

Dad, helpa fi i gofio mai cariad yw'r peth mwyaf y gallaf
ei dderbyn
ac mai cariad yw'r peth mwyaf y gallaf ei roi.
Helpa fi i gofio bod caru'n golygu rhoi fy hunan yn olaf
ac eraill yn gyntaf.
Weithiau mae hyn yn anodd.
Byddaf yn meddwl amdanaf fy hun lawer gormod
ac yn anghofio anghenion pobl o'm cwmpas.
Maddau i mi, Dad,
a dysg i mi garu eraill fel yr wyt ti yn fy ngharu i.

JOHN GOWANS, 1934–2012
Cyf. DELYTH WYN

Dangos dy gariad

Helpa fi, Arglwydd, i ddangos dy gariad.

Helpa fi i fod yn amyneddgar ac yn garedig,
nid yn cenfigennu, nac yn brolio nac yn llawn ohonof fy hun.
Na foed i mi fyth wneud dim sy'n anweddus,
na mynnu fy ffordd fy hun, na gwylltio.
Boed i mi fod yn barod i faddau ac anghofio.

Na foed i mi gael llawenydd mewn anghyfiawnder,
ond yn hytrach boed i'r gwir fy ngwneud yn llawen.

Na foed i mi roi'r gorau i garu:
bocd i fy ffydd, fy ngobaith a'm cariad bara hyd byth.

Yn seiliedig ar Lythyr Paul at y Cristnogion yng Nghorinth, 1 CORINITHIAID 13:4–7

EIN BYD

Tydi, a roddaist liw i'r wawr
a hud i'r machlud mwyn,
tydi, a luniaist gerdd a sawr
y gwanwyn yn y llwyn,
O cadw ni rhag colli'r hud
sydd heddiw'n crwydro drwy'r holl fyd.

T ROWLAND HUGHES, 1903–49

Y gwanwyn

Am y gwanwyn hyfryd hardd,
am y blodau bach a chwardd
derbyn di, Iesu cu,
ddiolch plentyn.

MAIR ELLI, 1900–1971

Yr haf

Addolwn Di, O Dduw,
am brydferthwch dy greadigaeth yn ystod tymor yr haf
ac am gael bod yn agos at natur
a thrwy hynny'n nes atat ti.

Yr hydref

Diolch wnawn am fwynder hydref,
a'i dawelwch dros y wlad;
ffrwyth y maes a gwynfyd cartref
ddaeth o'th ddwylo di, ein Tad;
dy fendithion sy'n ddi-drai,
mawr dy gariad i bob rhai.

R BRYN WILLIAMS, 1902–81

Y gaeaf

Y mae Duw yng ngrym y gaeaf
pan fo'r storm dros bant a bryn,
ac fe welir ei ryfeddod
pan fo'r llawr dan eira gwyn.

Mae ei Ysbryd yn ymsymud
eto dros y cread mawr.
Bendigedig fyddo'r Arglwydd,
Halelwia nef a llawr!

W J GRUFFYDD (ELERYDD), 1916–2011

Pob creadur byw

Popeth glân a phrydferth,
a phob creadur byw,
popeth doeth a rhyfedd,
fe'u crëwyd oll gan Dduw.

C F ALEXANDER, 1818–95
Cyf. JANE OWEN

Creaduriaid o bob math

Diolch i ti, Dduw, am greu anifeiliaid –
miloedd ohonynt a'r fath amrywiaeth:
rhai mawr, rhai bach, rhai tew, rhai tenau,
rhai cyflym, rhai araf, rhai gosgeiddig, rhai trwsgl,
rhai anwes, rhai gwyllt, rhai annwyl, rhai ffyrnig,
rhai tywyll, rhai golau, rhai plaen, rhai patrymog,
rhai clyfar, rhai twp, rhai cyfrwys, rhai diniwed,
rhai prysur, rhai diog, rhai dwys a rhai doniol.
Diolch i ti Dduw am greu anifeiliaid –
miloedd ohonynt a'r fath amrywiaeth.

Gofal am anifeiliaid

Nefol Dad, diolch am bob anifail.
Creaist hwy gyda chariad, yn union fel y creaist ti ni.
Helpa ni i'w hamddiffyn rhag y rhai sy'n eu trin yn greulon
ac i ofalu amdanynt fel rwyt ti'n gofalu amdanom ni.

Mawl yr adar

'Twît' ydoedd cân aderyn bach y to,
'Duw gyfrifodd bob un o'm plu.'
'Crawc,' meddai'r frân yn y goeden bîn,
'Mi wn mai Duw a'n gwnaeth ni bob un.'

'Cŵ,' medd colomen lwyd ar gangen ir,
'Cariad ydyw Duw, ie wir.'
Fry yn y nen yr ehedydd mân
a fawl yr Arglwydd yn glir ar gân.

Canai y robin goch ar ben y glwyd,
'Nid wy'n gweithio ond caf fy mwyd.'
'Hŵ,' medd tylluan mewn coedwig werdd,
'Fe roddaf fi fawl i Dduw mewn cerdd.'

ESTELLE WHITE, 1925–2011
Cyf. HYWEL M GRIFFITHS

Gofal Duw dros adar

Mae'r Arglwydd yn cofio y dryw yn y drain,
ei lygad sy'n gwylio y wennol a'r brain;
nid oes un aderyn yn dioddef un cam,
na'r gwcw na'r fronfraith na robin goch gam.

Mae'n cofio'n garedig am adar y to,
caiff pob titw bychan ei fwyd yn ei dro;
ehedydd y mynydd a gwylan y môr
sy'n derbyn eu cinio o ddwylo yr Iôr.

GOMER M ROBERTS, 1904–93

Gweddi dros adar

Ein Tad, cofia'r adar
nad oes iddynt gell;
mae'r eira mor agos,
a'th haf di mor bell.

EIFION WYN, 1867–1926

51

Popeth sy'n wyrdd

Gwellt y maes a dail y coed
sy'n ei ganmol ef erioed;
popeth hardd o dan y nef,
dyna waith ei fysedd ef.

JOACHIM NEANDER, 1650–80
Cyf. ELFED, 1860–1953

Meddwl am fyd

Meddwl am fyd heb flodyn i'w harddu,
meddwl am wlad heb goeden na llwyn,
meddwl am awyr heb haul yn gwenu,
meddwl am wanwyn heb awel fwyn:
diolchwn, Dduw, am goed a haul a blodau,
diolchwn, Dduw, rhown glod i'th enw di.

DOREEN NEWPORT, 1907–2004
Cyf. SIÂN RHIANNON

Byd natur

Diolch i ti am y byd hardd a greaist. Diolch am fyd natur sy'n
llawn lliw ac egni. Helpa fi i ryfeddu at y tymhorau a'r newid
sy'n digwydd o dymor i dymor. Maddau i fi am gymryd byd
natur yn ganiataol.

Y byd yn ardd

Ein Tad,
gad i ni helpu'n gilydd
i droi ein byd yn ardd,
a gad i ni weld pob plentyn
yn flodyn bychan, hardd.

Gad i ni ddysgu gofalu
am wreiddiau'r hadau bach,
a dysgu sut i'w tyfu
yn llysiau a ffrwythau iach.

Ac yna gad i ni rannu
cyfoeth ein gardd i gyd,
fel na bo newyn eto
yn poeni plant y byd.

MERERID HOPWOOD A TUDUR DYLAN JONES

Cymru

Diolch i ti, O Dad, am Gymru.
Rwyf yn falch ohoni,
yn falch o'i hiaith a'i thraddodiadau.
Diolch dy fod wedi bod yn rhan mor bwysig yn ei hanes.
Gweddïaf y byddwn yn parhau i ymddiried ynot ti
am ddyfodol ein gwlad.

Dros Gymru'n gwlad

Dros Gymru'n gwlad, O Dad, dyrchafwn gri,
y winllan wen a roed i'n gofal ni;
d'amddiffyn cryf a'i cadwo'n ffyddlon byth,
a boed i'r gwir a'r glân gael ynddi nyth;
er mwyn dy Fab a'i prynodd iddo'i hun,
O crea hi yn Gymru ar dy lun.

O deued dydd pan fo awelon Duw
yn chwythu eto dros ein herwau gwyw,
a'r crindir cras dan ras cawodydd nef
yn erddi Crist, yn ffrwythlon iddo ef,
a'n heniaith fwyn â gorfoleddus hoen
yn seinio fry haeddiannau'r addfwyn Oen.

LEWIS VALENTINE, 1893–1986

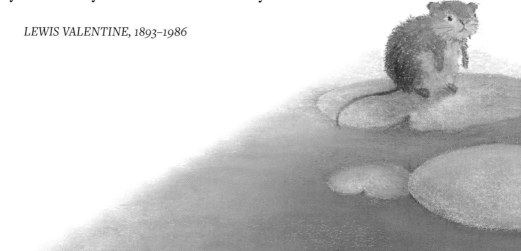

Byw yng Nghymru

O Arglwydd, weithiau byddaf yn anghofio diolch i ti
am gael byw mewn gwlad mor hardd.
Diolch am fynyddoedd creigiog, bryniau gwyrdd,
traethau hir ac afonydd byrlymus.
Diolch am goed a blodau ein gwlad
ac am yr anifeiliaid sy'n byw ynddi.
Ond diolch yn arbennig am ei phobl
ac am y fraint o gael byw yng Nghymru.

Ein gwlad

Am wlad mor dawel ac mor dlos
ein Tad, moliannwn di;
mae trysor yn ei henw da
a'i hanes annwyl hi.

EIFION WYN, 1867–1926

55

Ein cyfrifoldeb

Pan edrychaf ar y nefoedd,
gwaith dy fysedd,
y lloer a'r sêr, a roddaist yn eu lle,
beth yw dyn, iti ei gofio,
a'r teulu dynol, iti ofalu amdano?
Eto gwnaethost ef ychydig islaw duw
a'i goroni â gogoniant ac anrhydedd.
Rhoist iddo awdurdod ar waith dy ddwylo,
a gosod popeth dan ei draed:
defaid ac ychen i gyd,
yr anifeiliaid gwylltion hefyd,
adar y nefoedd, a physgod y môr,
a phopeth sy'n tramwyo llwybrau'r dyfroedd.

SALM 8:3–8

Parchu'r ddaear

O Dduw, rwyt wedi creu byd hardd ar ein cyfer.
Diolch am gael mwynhau'r holl amrywiaeth sydd yn dy fyd.
Helpa ni i gofio nad ein byd ni ydyw, ond dy fyd di.
Bydd gyda ni a rho ddoethineb i ni wrth i ni ofalu amdano.

Byd lliwgar

Arglwydd, diolch am gael byw mewn byd sy'n llawn lliw.
Diolch am brydferthwch lliwiau.
Diolch am ffresni eira gwyn.
Diolch am y meysydd gwyrdd.
Diolch am flodau o bob lliw.
Diolch am ddail y coed sy'n newid yn frown, coch a melyn.
Diolch am anifeiliaid o wahanol liw a llun.
Diolch am liwiau'r enfys:
coch, oren, melyn, gwyrdd, glas, indigo a fioled.
Diolch am dy fawredd di, O Dduw, a greodd y lliwiau i gyd.
Amen.

Sbwriel

Maddau i ni, O Dad, am ddifetha ein byd
bob tro y byddwn yn taflu sbwriel ar y llawr.

POBL

Arglwydd, rwyt wedi fy ngosod i fyw yng nghwmni pobl eraill.
Diolch am bawb sy'n rhan o fy mywyd,
pobl sy'n gofalu amdanaf,
pobl sy'n fy ngwneud yn hapus,
pobl sy'n fy nysgu,
pobl sy'n fy ysbrydoli.
Diolch am y fraint o gael eu hadnabod.

DELYTH WYN

Rhieni

Diolch i ti am bawb sy'n gofalu amdanom.
Bob dydd maen nhw'n gofalu am fwyd,
dillad cynnes a chartref cysurus i ni.
Diolch i ti am bawb sy'n garedig wrthym.

Fy nheulu

Bendithia fy nheulu, annwyl Dduw.
Boed i ni ganfod gyda'n gilydd sut i garu a maddau,
a derbyn ein gilydd fel rwyt ti'n ein derbyn.

DELYTH WYN

Teulu

Mae fy nheulu yn bwysig i mi, Iesu.
Diolch fod pob un yn bwysig i ti hefyd.
Diolch am ein caru ni gymaint.

Gofal rhieni

Arglwydd,
mae ein rhieni bob amser yn meddwl amdanom ni
cyn meddwl amdanynt eu hunain.
Gofala amdanynt, Iesu,
a diolch i ti
am roi rhieni caredig i ni.

Diolch am rieni

Am dadau pur a mamau mwyn,
ein Tad, moliannwn di;
ein braint yw byw i'w caru hwy
sy'n byw i'n caru ni.

EIFION WYN, 1867–1926

Gweddi dros y teulu

O Dduw,
gweddïaf am dy ofal
dros bob un yn fy nheulu.
Cadw nhw rhag perygl;
cadw nhw'n iach
a bendithia nhw.

Gras bwyd

Am bryd o fwyd a diod
O Dad, fe roddwn glod.

Bydd wrth ein bwrdd, O Frenin ne',
boed i ti fawredd ymhob lle:
bendithia nawr ein hymborth ni,
a gad in wledda gyda thi.

JOHN CENNICK, 1718–1755

Tyrd, O Iesu, bydd yn ein plith
a bendithia'r bwyd a roddaist.

O Dad, yn deulu dedwydd – y deuwn
    â diolch o'r newydd,
    cans o'th law y daw bob dydd
    ein lluniaeth a'n llawenydd.

W D WILLIAMS, 1900–85

Diolchwch i'r Arglwydd
oherwydd da yw.

SALM 118:1

Bob tro y bwytawn,
boed i ni gofio cariad Duw.

GWEDDI O TSIEINA

Diolch i ti am y byd,
diolch am ein bwyd bob pryd,
diolch am yr haul a'r glaw,
diolch, Dduw, am bopeth ddaw.

Ar ei drugareddau
yr ydym oll yn byw;
am hynny dewch a llawenhewch,
cans da yw Duw.

ELFED, 1860–1953

Cyfeillion

Diolch i ti, O Dduw, am gyfeillion –
am eu cariad ac am yr hwyl a gawn yng nghwmni'n gilydd.
Helpa ni i ofalu am ein gilydd bob amser
fel y byddi di'n gofalu amdanom ni.

Gofal Iesu dros ffrindiau

O Iesu, gwyddost sut deimlad yw cael ffrindiau.
Pan oeddet ar y ddaear dewisaist ffrindiau arbennig
i fod yn agos atat.
Gwyddost sut deimlad oedd mwynhau eu cwmni;
gwyddost hefyd sut deimlad oedd eu gweld yn cefnu arnat.
Cadw fy ffrindiau dan dy ofal.
Helpa fi i fod yn ffrind da.

Gweddi dros yr unig

O Arglwydd, bydd gyda'r rhai sy'n unig a heb gyfeillion.
Helpa ni i siarad gyda phobl sy'n swil.
Boed i'n cyfeillgarwch ni
eu helpu i ddod i dy adnabod di fel cyfaill.

DELYTH WYN

Ffrindiau

Arglwydd, diolch yn fawr am ffrindiau.
Dyma un o'r pethau mwyaf gwerthfawr sydd gennym
mewn bywyd.
Pan fydd ein ffrindiau'n drist neu'n poeni, yn sâl
neu mewn angen, helpa ni i fod gerllaw i gynnig help iddynt.
Ond helpa ni i gofio mai'r ffrind gorau a gawn yw Iesu Grist.
Ni fydd ef byth yn ein siomi nac yn ein gadael.
Mae ef o hyd wrth law pan fyddwn yn galw arno.
Helpa ni i garu Iesu.
Helpa ni i dderbyn ei gynnig i fod yn ffrind i ni.

Oes rhaid cael byd o ryfel?

Ein Tad,
oes rhaid cael byd o ryfel,
a byd o bobl gas?
Pe dysgem ni dy neges di,
fe wnaem ein gorau glas
i weld pob un sy'n agos
a phawb sy'n byw ymhell
yn chwaer a brawd,
o'r trist i'r tlawd,
ac mi fyddai'r byd yn well.

MERERID HOPWOOD A TUDUR DYLAN JONES

Gwledydd lle mae rhyfel

Dad, helpa'r bobl a'r plant sy'n byw mewn gwledydd lle mae
rhyfel ac ofn.
Bendithia nhw, cadw nhw'n ddiogel a rho nerth iddynt.
Gad iddynt wybod fod heddwch i'w gael ynot ti.

Heddwch ar ddaear lawr

Heddwch ar ddaear lawr, gan ddechrau'n fy nghalon i,
heddwch ar ddaear lawr, yr hedd a fwriadwyd i ni;
a Duw'n Dad trugarog, brodyr oll ŷm ni,
cerddwn oll gyda'n gilydd, mewn hedd a harmonî.

SEYMOUR MILLER, 1908–71 A JILL JACKSON
Cyf. HARRI WILLIAMS, 1913–83

Gweddi dros heddwch

O Dduw o lawer enw,
carwr pob cenedl,
gweddïwn am heddwch
yn ein calonnau,
yn ein cartrefi,
yn ein cenhedloedd,
yn ein byd,
heddwch dy ewyllys,
heddwch ein hangen.

GEORGE APPLETON, 1902–93
Cyf. EDWIN C LEWIS

Offeryn hedd

Arglwydd, gwna fi'n offeryn dy hedd.
Lle mae casineb, boed i mi hau cariad,
lle mae camwedd, maddeuant,
lle mae amheuaeth, ffydd,
lle mae anobaith, gobaith,
lle mae tywyllwch, goleuni,
lle mae tristwch, llawenydd.

FFRANSIS O ASSISI, 1182–1226

Dydd Ewyllys Da

Diolch i ti, O Dduw, am bawb sy'n ceisio ennill heddwch i'n
byd. Diolch am Ddydd Ewyllys Da Urdd Gobaith Cymru sy'n
gyfle i ni, blant Cymru, ddwcud wrth wledydd y byd ein bod
eisiau heddwch. Rho help i ni sefyll dros heddwch.

Diolch am fendithion

Diolch, Dad, am awyr iach,
am hwyl a sbri,
am gwmni ffrindiau
a'th fendith di.

DELYTH WYN

Braf yw bwyta

Braf yw bwyta
brechdan gaws neu jam,
tost a marmeit,
crisps a salad ham,
byrgyr, sglodion,
sgons a mafon;
diolch, Dduw, am fwyd.

Braf yw chwarae
piano neu bêl-droed,
peintio, darllen,
neu gael dringo coed,
dyfrio blodau,
codi tyrau;
diolch, Dduw, am hwyl.

Braf yw cwmni,
cwmni Dad a Mam,
teulu, ffrindiau
sy'n gwylio na chaf gam;
cwmni Iesu
sy'n fy nysgu
mai cariad ydyw Duw.

PETER A SOPHIE CHURCHILL, Cyf. EDDIE JONES

GWYLIAU
CRISTNOGOL

Amser i ddathlu,
amser i addoli,
amser i fyfyrio,
amser i ymrwymo,
amser i ddysgu,
amser i rannu,
dyna yw'r gwyliau i mi.

DELYTH WYN

Rhown ddiolch i'r Iôr

Ar ŵyl y cynhaeaf rhown ddiolch i'r Iôr
am roi bara i'n cadw ni'n fyw;
mae rhoddion yr Arglwydd o'n cwmpas yn stôr,
rhoddwn ddiolch i'r Arglwydd ein Duw, ein Duw.
Rhoddwn ddiolch i'r Arglwydd ein Duw.

J PINION JONES, 1936–2009

Gweddi'r cynhaeaf

O Dduw, unwaith eto rwyt wedi cadw dy addewidion
ac wedi darparu ar ein cyfer.
Mae bwyd eleni eisoes wedi'i storio
ar gyfer y misoedd sydd i ddod.
Wrth inni ddiolch bod gennym ddigon i'w fwyta,
cofiwn am y rhai sydd mewn angen.
Gwna ni'n barod i rannu'r rhoddion
rwyt ti wedi eu rhoi.

Diolch am y cynhaeaf

Diolch, gyntaf, am yr had,
yna am yr ŷd, O Dad.
Diolch am yr haul a'r glaw;
rhoddion ddaw i ni o'th law.

Diolch am y ffrwythau braf
sy'n aeddfedu ddiwedd haf.
Diolch, Arglwydd, am bob pryd
gawn i'n cynnal ni o hyd.

Cyd-ddiolchwn heddiw'n llu
am dy ofal drosom ni.
Cymorth ni i rannu'n hael
gyda'r tlawd, y gwan a'r gwael.

Diolchgarwch

Ti, Arglwydd, a roddaist gymaint i mi;
rho i mi un peth mwy:
calon ddiolchgar.

GEORGE HERBERT, 1593–1633

Pen-blwydd Iesu

Annwyl Iesu,
diolch am gael dathlu dy ben-blwydd eto eleni.
Daethost yn dawel a diffwdan,
heb firi na rhialtwch
ac eto ti oedd y rhodd fwyaf allai unrhyw un ei chael.
Diolch i ti am ddod i'n daear ni
er mwyn dangos sut un yw Duw.

Cân Mair

Y mae fy enaid yn mawrygu yr Arglwydd,
a gorfoleddodd fy ysbryd yn Nuw, fy Ngwaredwr ...
oherwydd gwnaeth yr hwn sydd nerthol bethau mawr i mi,
a sanctaidd yw ei enw ef.

RHAN O FAWLGAN MAIR, LUC 1:46–49

Tua Bethlem dref

Tua Bethlem dref
awn yn fintai gref
ac addolwn ef.

WIL IFAN, 1883–1968

Meddwl am y Nadolig

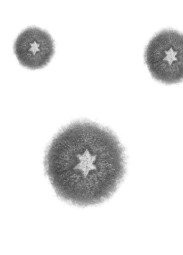

Yng nghanol y prysurdeb,
y gwthio, y rhuthro,
y miri a'r dathlu,
y canu, y rhannu,
helpa ni i feddwl
am bwrpas y cyfan
i gofio ac i ddiolch
amdanat ti, Iesu.

Y Nadolig

O Dduw, ein Tad cariadus, helpa ni i iawn gofio geni Iesu,
fel y byddo i ni rannu yng nghaneuon yr angylion,
balchder y bugeiliaid, ac addoliad y doethion.
Bydded i fore'r Nadolig ein gwneud yn hapus i fod yn blant i ti,
ac i noson y Nadolig ddod â ni i'n gwelyau
â meddyliau diolchgar,
gan faddau a derbyn maddeuant, er mwyn Iesu.

ROBERT LOUIS STEVENSON, 1850–1894

Cyf. EDWIN C LEWIS

Teulu Iesu

Ein Tad, diolchwn i ti am y teulu y ganwyd Crist iddo,
ac am ffydd ac ufudd-dod ei rieni.
Dysg i ninnau fod yn ufudd i ti
ac i fod yn barod i gael ein defnyddio gennyt.

Y Pasg

Diolch, Iesu, am farw trosom
ac am atgyfodi ar y trydydd dydd.
Boed i'r hanes hwn ein harwain i ffydd ynot ti,
i obaith am ein dyfodol
ac i gariad tuag at eraill o'n cwmpas.

Gweddi'r Pasg

Annwyl Iesu, diolch i ti,
daethost lawr o'r nefoedd fry;
ar y ddaear buost yn byw
bywyd llawn o gariad Duw.

Annwyl Iesu, diolch i ti,
buost farw drosof fi;
trwy dy farw a dy fyw
ti a rennaist gariad Duw.

Annwyl Iesu, diolch i ti,
'nôl yn fyw y daethost ti;
ni all un peth yn fy myw
rwystro dim ar gariad Duw.

Annwyl Iesu, diolch i ti,
ti yw'r Iôr a'm Mrenin i;
rhoddaist bwrpas i fy myw
sef i rannu cariad Duw.

DELYTH WYN

Dy gariadus Ysbryd

Dy gariadus Ysbryd
fo ynom, arnom, amdanom;
dy gariadus Ysbryd
rho i ni, O Arglwydd.

Dy gariadus Ysbryd,
rhyfeddod parod i'm gwarchod,
dy gariadus Ysbryd
rho i ni, O Arglwydd.

Dy gariadus Ysbryd,
bywha ni, dal ni, iachâ ni,
dy gariadus Ysbryd
rho i ni, O Arglwydd.

JUNE BAKER, Cyf. EDDIE JONES

Ysbryd Glân

Ysbryd Glân,
meddylia trwof fi
nes i'th syniadau di
fod yn syniadau i mi.

AMY CARMICHAEL, 1867–1951
Cyf. CYNTHIA DAVIES

Goleuni'r Ysbryd

Ti, Ysbryd Glân,
rho in d'oleuni clir
yn llewyrch cyson i'n harwain
yn ffordd y gwir.

R J DAVIES, 1914–77

Gweddi am yr Ysbryd

O Ysbryd sancteiddiolaf,
meddianna fi â'th dangnefedd,
goleua fi â'th wirionedd,
cynnau ynof dy fflam,
cryfha fi â'th nerth,
gwna dy hun yn weladwy ynof,
dyrchafa fi trwy ras i ras,
o ogoniant i ogoniant:
O Ysbryd yr Arglwydd,
yr hwn wyt gyda'r Tad a'r Mab
yn un Duw yn oes oesoedd.

ERIC MILNER-WHITE, 1884–1963
Cyf. ELFED AP NEFYDD ROBERTS

Diolch am yr Ysbryd

Diolch i ti, Dad, am y rhodd o'th Ysbryd
a'r gwaith y mae e'n ei wneud yn ein bywydau,
wrth iddo'n trawsnewid ni
a'n gwneud yn debycach i Iesu.

GEORGETTE BUTCHER
Cyf. EDWIN C LEWIS

MEWN ANGEN

Fel y mae'r glaw yn cuddio'r sêr,
fel y mae niwl yr hydref yn cuddio'r bryniau,
fel y mae'r cymylau'n gorchuddio glas yr awyr,
felly y mae digwyddiadau tywyll yn fy mywyd
yn cuddio llewyrch dy wyneb oddi wrthyf.
Ac eto, os caf afael yn dy law yn y tywyllwch,
bydd hyn yn ddigon,
oherwydd, er i mi faglu ar fy ffordd,
gwn nad wyt ti'n cwympo.

GWEDDI AELEG
Cyf. DELYTH WYN

Mewn salwch

Diolch i ti, Dduw, am addo bod gyda ni bob amser.
Boed i bawb sy'n sâl dy deimlo di'n agos.

Gweddi pan rwy'n sâl

Arglwydd Iesu, rwy'n sâl.
Gwna fi'n well, os gweli di'n dda.
Helpa fi i fod yn ddiolchgar
i'r bobl sy'n gofalu amdanaf.
Diolch am fod yma gyda mi.

Pobl sy'n gofalu am gleifion

O Dduw, bydd di yn y mannau
lle mae meddygon a nyrsys yn gweithio –
yn y feddygfa, yr ysbyty a'r clinig.
Helpa nhw i deimlo dy fod yn agos atynt
wrth iddynt helpu pobl sy'n wael.

Gweddi dros bobl sy'n wael

O Dduw,
rwy'n gweddïo dros bobl sy'n wael.
Lleddfa eu poen,
tawela eu hofnau,
bendithia nhw â chwsg,
rho iddynt dy iachâd.

Iesu'r meddyg

O Arglwydd,
rwyt yn gwybod yn union sut rwy'n teimlo.
Diolch fod dy gariad di'n cyrraedd fy nheimladau dyfnaf
ac yn iacháu pob poen.

Pobl sydd mewn poen

Annwyl Iesu,
bydd yn agos at y rhai sy'n dioddef poen
am eu bod yn hen neu'n sâl.
Ti yw'r unig un all roi gwir gysur
a thangnefedd iddynt.

Ffarwelio

Wrth i ni ffarwelio,
diolchwn i Dduw am y cyfeillgarwch rhyngom ni,
am y pethau a wnaethom gyda'n gilydd
a'r pethau a ddysgasom gyda'n gilydd.

Gofynnwn i Dduw ein bendithio
wrth i ni fynd ar hyd ein gwahanol ffyrdd,
gan wybod y bydd amseroedd da a drwg.

Gweddïwn y cawn gyfeillion newydd a heriau newydd.
Gweddïwn y bydd Duw yn rhoi inni ffydd a gobaith bob amser,
a'n hamgylchynu â'i gariad di-ffael.

Bendith Aeleg

Bydded i'r ffordd godi i gwrdd â thi.
Bydded i'r gwynt fod yn gyson ar dy gefn.
Bydded i'r haul ddisgleirio'n gynnes ar dy wyneb,
i'r glaw syrthio'n ysgafn ar dy ddolydd,
hyd nes i ni gwrdd eto.
Bydded i Dduw dy ddal yng nghledr ei law.

BENDITH AELEG

Cyf. EDWIN C LEWIS

Ffrind gorau

Mae'n d'annog, a'th ddal yn ddiogel – am oes,
        er mynd, nid yw'n d'adael;
    hyd y diwedd yn dawel,
    ffrind fydd ffrind, er dweud ffarwél.

MERERID HOPWOOD A TUDUR DYLAN JONES

Oriau tywyll

Arglwydd, weithiau mae hi'n anodd bod yn ddewr.
Helpa fi ar yr adegau hyn.
Gwna fi'n gryf ac yn ddewr ynot ti.

STEPHEN MATHEWS

Tristwch

O Dduw,
cyflwynaf fy hunan
i'th ofal di
ar amser mor drist.

Pan rwy'n drist

Arglwydd Iesu, fe wylaist
pan fu farw dy gyfaill Lasarus,
felly gwyddost sut rwy'n teimlo heddiw.
Cysura fi gan fy mod yn drist ac unig.
Dysg fi i ymddiried ynot
ac i'th garu.

Pan rwy'n teimlo'n drist

Pan rwy'n teimlo'n drist neu'n glaf,
methu teimlo'n hapus braf,
helpa fi i gofio
dy fod gyda mi.

Pan fydd gennyf ofid mawr
a fy myd a'i ben i lawr,
helpa fi i gofio
d'agosatrwydd di.

Pan fo amser pawb yn brin,
neb ar gael i'm dal yn dynn,
helpa fi i gofio
dy ffyddlondeb di.

Pan rwy'n wylo'n ddwfn o'm mewn,
wylo mwy na wnes o'r blaen,
helpa fi i gofio
am dy gariad di.

JOY WEBB
Cyf. GWILYM CEIRIOG EVANS, 1931–95 A DELYTH WYN

Cariad Duw

Yr wyf yn gwbl sicr na all nac angau nac einioes,
nac angylion na thywysogaethau,
na'r presennol na'r dyfodol,
na grymusterau nac uchelderau na dyfnderau,
na dim arall a grëwyd,
ein gwahanu ni oddi wrth gariad Duw
yng Nghrist Iesu ein Harglwydd.

RHUFEINIAID 8:38–39

BENDITHIO

Bydded i'r Arglwydd dy fendithio
a'th gadw;
bydded i'r Arglwydd lewyrchu ei wyneb arnat,
a bod yn drugarog wrthyt;
bydded i'r Arglwydd edrych arnat,
a rhoi iti heddwch.

NUMERI 6:24–26

Gweddi hwyrol

O nefol Dad, trof atat ti,
o boed dy ofal trosof fi;
rho im dy hedd o dan fy mron,
ac esmwyth gwsg drwy'r noson hon.

W M REES

Wrth fynd i gysgu

Arglwydd Iesu, dwyt ti byth yn fy ngadael.
Gwylia drosof tra byddaf yn cysgu
a chadw fi a'm teulu rhag pob niwed.

Emyn hwyrol

Nefol Dad, mae eto'n nosi,
gwrando lef ein hwyrol weddi –
nid yw'r nos yn nos i ti,
rhag ein blino gan ein hofnau,
rhag pob niwed i'n heneidiau,
yn dy hedd, o cadw ni.

GEORGE RAWSON, 1807–89
Cyf. ELFED, 1860–1953

Bendith yr Arglwydd

Boed i'th draed gerdded yn ffordd yr Arglwydd.
Boed i'th lais lefaru Gair yr Arglwydd.
Boed i'th ddwylo wneud ewyllys yr Arglwydd.
Boed i'th fywyd ddangos yn glir gariad yr Arglwydd.
A boed hedd yr Arglwydd gyda thi yn awr ac am byth.

ANHYSBYS

Bendithio eraill

Bendithia, O Dduw, bawb a garaf;
Bendithia, O Dduw, bawb sy'n fy ngharu i;
Bendithia bawb sy'n caru'r rhai a garaf fi
a phawb sy'n caru'r rheini sy'n fy ngharu i.

O HEN SAMPLER
Cyf. CYNTHIA DAVIES

Tangefedd Duw

Rhodded Duw tangnefedd
ei dangnefedd i ni
bob amser
ac ym mhob man.
Yr Arglwydd
a fydd gyda ni oll.

2 THESALONIAID 3:16

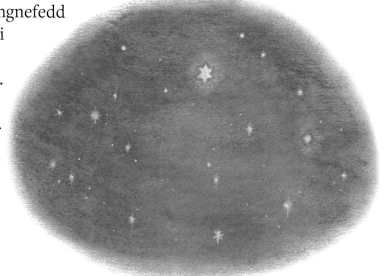

Duw'n gwmni

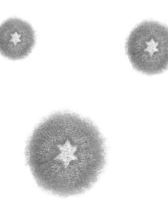

Yn ffresni'r bore,
ym mwrlwm y dydd
ac yn nistawrwydd y nos,
bydded i mi ganfod Duw yn gwmni i mi,
ei fraich yn nerth i mi,
a llewyrch ei wyneb yn oleuni i mi,
ar hyd llwybr fy mhererindod.

ELFED AP NEFYDD ROBERTS

Bendith Geltaidd

Tangnefedd y dyfnder mawr i ti,
tangnefedd y sêr uwchben,
tangnefedd yr awel fwyn i ti,
tangnefedd y ddaear hen;
boed i hedd, boed i hedd
lanw d'enaid di,
gad i hedd, gad i hedd
lanw'th fywyd di.

Cyf. ANAD

Y Fendith Apostolaidd

Gras ein Harglwydd Iesu Grist,
a chariad Duw,
a chymdeithas yr Ysbryd Glân
a fyddo gyda chwi oll.

2 CORINTHIAID 13:13

MYNEGAI I DEITLAU'R GWEDDÏAU

FFYNONELLAU

Lle na nodir awdur, testun gwreiddiol gan Lois Rock, Cyf. Delyth Wyn

Yr holl ddyfyniadau Beiblaidd o'r *Beibl Cymraeg Newydd Diwygiedig* 2004

Gweddi, *Caneuon Ffydd* 717, *Mil a Mwy o Weddïau* (Cyhoeddiadau'r Gair), 192

Crist gyda mi, *365 o Weddïau i Blant* (Cyhoeddiadau'r Gair) 7

Byd newydd, *Beibl Odl y Plant*, (Cyhoeddiadau'r Gair), 136-7

Moli Duw, *Caneuon Ffydd* 67

Datgan Mawl i Dduw, *Glas, Glas Blaned* (Cyhoeddiadau'r Gair) 15

Dilyn y ffordd, *Caneuon Ffydd* 386

Y ffordd, y gwirionedd a'r bywyd, *Mil a Mwy o Weddïau* (Cyhoeddiadau'r Gair), 53

Dim ond hedyn bach, *Glas, Glas Blaned* (Cyhoeddiadau'r Gair) 67

Helpu, *365 o Weddïau i Blant* (Cyhoeddiadau'r Gair) 252

Efelychu Iesu, *Gweddïau Enwog* (Cyhoeddiadau'r Gair), 108

Y pethau bychain, *365 o Weddïau i Blant* (Cyhoeddiadau'r Gair) 150

Bendithio'n holl fyd, *Gweddïau Enwog* (Cyhoeddiadau'r Gair), 51

Maddeuant Duw, *365 o Weddïau i Blant* (Cyhoeddiadau'r Gair) 57

Maddau, *365 o Weddïau i Blant* (Cyhoeddiadau'r Gair) 307

Gwna fi yn addfwyn, *Caneuon Ffydd* 681

Addoli, *Caneuon Ffydd* 146

Addolaf di, o Dduw, *365 o Weddïau i Blant* (Cyhoeddiadau'r Gair) 306

Rap a regae, roc a rôl, *365 o Weddïau i Blant* (Cyhoeddiadau'r Gair) 96

Rhannu, *365 o Weddïau i Blant* (Cyhoeddiadau'r Gair) 154

Diolch, *Caneuon Ffydd* 135

Diolch am fywyd llawn a hapus, *365 o Weddïau i Blant* (Cyhoeddiadau'r Gair) 296

Anghofio dweud 'Diolch!', *Glas, Glas Blaned* (Cyhoeddiadau'r Gair) 10

Cenhadu, *Caneuon Ffydd* 844

Adnabod cariad Duw, *Caneuon Ffydd* 681

Goleued ddaear lydan, *Caneuon Ffydd* 49

Dyro dy gariad, *Caneuon Ffydd* 871

Caru eraill, *365 o Weddïau i Blant* (Cyhoeddiadau'r Gair) 117

Ein byd, *Caneuon Ffydd* 131

Y gwanwyn, *365 o Weddïau i Blant* (Cyhoeddiadau'r Gair) 268

Yr haf, *365 o Weddïau i Blant* (Cyhoeddiadau'r Gair) 274

Yr hydref, *365 o Weddïau i Blant* (Cyhoeddiadau'r Gair) 278

Y gaeaf, *Caneuon Ffydd* 136

Pob creadur byw, *365 o Weddïau i Blant* (Cyhoeddiadau'r Gair) 215

Creaduriaid o bob math, *365 o Weddïau i Blant* (Cyhoeddiadau'r Gair) 210

Gofal am anifeiliaid, *365 o Weddïau i Blant* (Cyhoeddiadau'r Gair) 218

Mawl yr adar, *Glas, Glas Blaned* (Cyhoeddiadau'r Gair) 68

Gofal Duw dros adar, *Caneuon Ffydd* 157

Gweddi dros adar, *Mil a Mwy o Weddïau* (Cyhoeddiadau'r Gair) 145

Popeth sydd yn wyrdd, *Caneuon Ffydd* 116

Meddwl am fyd, *Caneuon Ffydd* 869

Byd natur, *Ein Tad* (Cyhoeddiadau'r Gair), 85

Y byd yn ardd, *Beibl Odl y Plant*, yn seiliedig ar Genesis 2-3 (Cyhoeddiadau'r Gair), 12-13

Cymru, *365 o Weddïau i Blant* (Cyhoeddiadau'r Gair) 222

Dros Gymru'n gwlad, *Caneuon Ffydd* 852

Byw yng Nghymru, *365 o Weddïau i Blant* (Cyhoeddiadau'r Gair) 221

Ein gwlad, *365 o Weddïau i Blant* (Cyhoeddiadau'r Gair) 220

Parchu'r ddaear, *365 o Weddïau i Blant* (Cyhoeddiadau'r Gair) 205

Byd lliwgar, *365 o Weddïau i Blant* (Cyhoeddiadau'r Gair) 208

Sbwriel, *365 o Weddïau i Blant* (Cyhoeddiadau'r Gair) 224

Rhieni, *365 o Weddïau i Blant* (Cyhoeddiadau'r Gair) 21

Teulu, *365 o Weddïau i Blant* (Cyhoeddiadau'r Gair) 33

Gofal rhieni, *365 o Weddïau i Blant* (Cyhoeddiadau'r Gair) 27

Diolch am rieni, *Y Llawlyfr Moliant Newydd* (Undeb Bedyddwyr Cymru) 785

Gweddi dros y teulu, *365 o Weddïau i Blant* (Cyhoeddiadau'r Gair) 22

Gras Bwyd, *365 o Weddïau i Blant* (Cyhoeddiadau'r Gair) 321–330

Cyfeillion, *365 o Weddïau i Blant* (Cyhoeddiadau'r Gair) 55

Gofal Iesu dros ffrindiau, *365 o Weddïau i Blant* (Cyhoeddiadau'r Gair) 58

Ffrindiau, *365 o Weddïau i Blant* (Cyhoeddiadau'r Gair) 62

Oes rhaid cael byd o ryfel? *Beibl Odl y Plant*, yn seiliedig ar Barnwyr 6-8 (Cyhoeddiadau'r Gair), 40-41

Gwledydd lle mae rhyfel, *365 o Weddïau i Blant* (Cyhoeddiadau'r Gair) 262

Heddwch ar ddaear lawr, *Caneuon Ffydd* 867

Gweddi dros heddwch, *Mil a Mwy o Weddïau* (Cyhoeddiadau'r Gair), 221

Offeryn hedd, *365 o Weddïau i Blant* (Cyhoeddiadau'r Gair) 266

Dydd Ewyllys Da, *365 o Weddïau i Blant* (Cyhoeddiadau'r Gair) 264

Diolch am fendithion, *365 o Weddïau i Blant* (Cyhoeddiadau'r Gair) 88

Braf yw bwyta, *Glas, Glas Blaned* (Cyhoeddiadau'r Gair) 80

Rhown ddiolch i'r Iôr, *Caneuon Ffydd* 160

Gweddi'r cynhaeaf, *365 o Weddïau i Blant* (Cyhoeddiadau'r Gair) 343

Diolch am y cynhaeaf, *365 o Weddïau i Blant* (Cyhoeddiadau'r Gair) 346

Diolchgarwch, *365 o Weddïau i Blant* (Cyhoeddiadau'r Gair) 294

Pen-blwydd Iesu, *365 o Weddïau i Blant* (Cyhoeddiadau'r Gair) 352

Tua Bethlem dref, *Caneuon Ffydd* 468

Meddwl am y Nadolig, *365 o Weddïau i Blant* (Cyhoeddiadau'r Gair) 356

Y Nadolig, *Mil a Mwy o Weddïau* (Cyhoeddiadau'r Gair), 174

Teulu Iesu, *Ein Tad* (Cyhoeddiadau'r Gair), 9

Y Pasg, *365 o Weddïau i Blant* (Cyhoeddiadau'r Gair) 365

Dy gariadus Ysbryd, *Glas, Glas Blaned* (Cyhoeddiadau'r Gair) 45

Ysbryd Glân, *Gweddïau Enwog* (Cyhoeddiadau'r Gair), 69

Goleuni'r Ysbryd, *Caneuon Ffydd* 788

Gweddi am yr Ysbryd, *Amser i Dduw* (Cymdeithas Lyfrau Ceredigion Gyf) 563

Diolch am yr Ysbryd, *Mil a Mwy o Weddïau* (Cyhoeddiadau'r Gair), 407

Mewn salwch, *365 o Weddïau i Blant* (Cyhoeddiadau'r Gair) 147

Gweddi pan rwy'n sâl, *365 o Weddïau i Blant* (Cyhoeddiadau'r Gair) 144

Pobl sy'n gofalu am gleifion, *Ein Tad* (Cyhoeddiadau'r Gair), 79

Pobl sydd mewn poen, *365 o Weddïau i Blant* (Cyhoeddiadau'r Gair) 105

Bendith Aeleg, *Mil a Mwy o Weddïau* (Cyhoeddiadau'r Gair), 30

Ffrind Gorau, *Beibl Odl y Plant*, yn seiliedig ar 1 Samuel 18-20 (Cyhoeddiadau'r Gair), 52-53

Oriau tywyll, *365 o Weddïau i Blant* (Cyhoeddiadau'r Gair) 159

Tristwch, *365 o Weddïau i Blant* (Cyhoeddiadau'r Gair) 160

Pan rwy'n drist, *365 o Weddïau i Blant* (Cyhoeddiadau'r Gair) 159

Pan rwy'n teimlo'n drist, *Glas, Glas Blaned* (Cyhoeddiadau'r Gair) 74

Gweddi Hwyrol, *Blodeugerdd o Gerddi Crefyddol* (Gwasg Christopher Davies), 113

Wrth fynd i gysgu, *365 o Weddïau i Blant* (Cyhoeddiadau'r Gair) 107

Emyn Hwyrol, *Caneuon Ffydd* 44

Bendith yr Arglwydd, *Amser i Dduw* (Cymdeithas Lyfrau Ceredigion Gyf) 694

Bendithio eraill, *Gweddïau Enwog* (Cyhoeddiadau'r Gair), 54

Duw'n gwmni, *Amser i Dduw* (Cymdeithas Lyfrau Ceredigion Gyf) 688